LES DRAGONS

EN CANTONNEMENT,

OU

LA SUITE DES BÉNÉDICTINES,

COMÉDIE EN UN ACTE

ET EN PROSE;

PAR LE CITOYEN PIGAULT-LEBRUN.

Représentée, pour la première fois, sur le Théâtre de la Cité, le 25 pluviose, l'an second de la République.

Prix, 25 sols.

A PARIS,

Chez BARBA, Libraire, rue Gît-le-Cœur, n°. 15.

L'AN SECOND DE LA RÉPUBLIQUE

PERSONNAGES.	ACTEURS.
	Les Citoyens
LE GÉNÉRAL......................	Duval, raisonneur.
LE COLONEL.....................	Saint-Clair, jeune amoureux.
LE MARÉCHAL-DES-LOGIS...	Frogères, comique.
PREMIER DRAGON..............	Tiercelin,
SECOND DRAGON..............	Brunesau, } rôles de convenance.

UN LIEUTENANT-COLONEL.	
UN CAPITAINE................	
UN LIEUTENANT...............	
UN SOUS-LIEUTENANT......	} Personnages muets.
UN AIDE-DE-CAMP..........	
HUIT OU DIX DRAGONS........	

	Les Citoyennes
LA VEUVE......................	Germain, premier rôle.
SAINTE-CLAIRE.................	S.-Claire, jeune amoureuse.
GERTRUDE......................	Pelissier, soubrette marquée.
UNE PETITE FILLE.............	Frogères, rôle d'enfant.

La scène est dans un village, sur les derrières de l'armée du Nord.

Les positions des acteurs sont indiquées en tête de chaque scène, en commençant par la gauche du spectateur.

LES DRAGONS
EN CANTONNEMENT,
COMÉDIE.

Le théâtre représente un village ; le fond est garni de fourgons, chargés des équipages du régiment. Quelques caisses sont déjà déchargées et laissent voir des sabres, pistolets, selles, casques, porte-manteaux, &c. un dragon est en faction aux équipages.

A la gauche du spectateur, au premier plan près l'avant-scène, est une maison apparente, demeure de la veuve ; près de la porte est un banc de pierre ou de gazon ; à la droite, aussi au premier ou second plan, est une chaumière, logement de la vivandière, et plus bas un hangar qui lui sert de boutique ; vis-à-vis l'hangar sont des tables grossières, et des escabelles de bois.

Le théâtre est garni de dragons grouppés de différentes manières, dont les uns jouent, et les autres boivent.

SCÈNE PREMIÈRE.

LE MARÉCHAL-DES-LOGIS, *assis sur une escabelle à la gauche, au bord de l'avant-scène ;* PREMIER DRAGON, *assis à une table du même côté du Maréchal-des-Logis ;* SECOND DRAGON, *de même à la table, en face du premier : ils boivent une bouteille en attendant le déjeûner.*

PREMIER DRAGON.

On nous a cantonnés dans un village charmant : nous sommes ici à merveille !

LES DRAGONS EN CANTONNEMENT.

LE MARÉCHAL-DES-LOGIS.

Un peu loin de l'armée cependant.

SECOND DRAGON.

L'ennemi nous a vus d'assez près.....

LE MARÉCHAL-DES-LOGIS.

Pour ne pas nous oublier de si-tôt.

PREMIER DRAGON.

Il est certain que nous nous sommes proprement battus avant-hier.

LE MARÉCHAL-DES-LOGIS.

Comme nous nous battrons toujours.

PREMIER DRAGON.

Et nous les avons frottés.....

LE MARÉCHAL-DES-LOGIS.

Comme nous les frotterons toujours, quand nous serons bien conduits.

PREMIER DRAGON.

Quel dommage que nous ayons acheté la victoire par la mort de tant de braves camarades !

LE MARÉCHAL-DES-LOGIS.

Leur mémoire ne mourra pas.

PREMIER DRAGON.

Non, sans doute ; mais le régiment a beaucoup souffert.

LE MARÉCHAL-DES-LOGIS.

On le réformera ; nous sommes ici pour cela.

SECOND DRAGON.

Et nous serons bientôt au complet.

LE MARÉCHAL-DES-LOGIS.

Je l'espère : notre réputation.......

PREMIER DRAGON.

Et quelques semaines de repos ne nuiront pas au commerce du vivandier.

LE MARÉCHAL-DES-LOGIS.

Quand tout le monde a fait son devoir, tout le monde est de bonne humeur, et tout le monde boit.

PREMIER DRAGON.

Ton capitaine a fait des prodiges dans ce dernier combat.

LE MARÉCHAL-DES-LOGIS.

Aussi l'a-t-on nommé colonel sur le champ de bataille ; et son oncle, qui étoit l'ame du régiment, a été fait général. J'aime qu'on récompense les braves gens.

PREMIER DRAGON.

Cependant tu ne les a pas quittés dans l'action, et te voilà encore Maréchal-des-Logis.

LE MARECHAL-DES-LOGIS.

Tant mieux.

SECOND DRAGON.

Comment, tant mieux !

LE MARECHAL-DES-LOGIS.

Sans doute : je suis enchanté qu'il y ait au régiment des gens qui vaillent mieux que moi.

PREMIER DRAGON.

Mais le nouveau lieutenant......

LE MARECHAL-DES-LOGIS.

Est mon officier et le vôtre. Jeunes gens, je n'aime pas vos réflexions. Celui qui ne sait pas obéir, n'est pas digne de commander : buvez.

SCÈNE II.

Les précédens, GERTRUDE.

GERTRUDE, *apportant un plat, le met à la table des Dragons, puis passe à la droite du second Dragon.*

VOILA vos grillades.

PREMIER DRAGON *au Maréchal-des-Logis.*

Sais-tu que ta femme est ragoûtante ?

LE MARECHAL-DES-LOGIS.

Si elle ne m'avoit ragoûté, je l'aurois laissée dans son couvent.

GERTRUDE.

Trève de complimens ; manges, manges.

PREMIER DRAGON.

Citoyenne, ceci n'est qu'affaire d'honnêteté.

GERTRUDE.

Je vous en dispense.

SECOND DRAGON.

Elle n'est pas faite à manier.

GERTRUDE.

C'est bien dommage.

SECOND DRAGON *au Maréchal-des-Logis.*

Camarade, tu déjeûne avec nous ?

LE MARECHAL-DES-LOGIS.

Sans doute, et je paie du vin. Femme, apporte bouteille.

GERTRUDE.

Bouteille ?

LE MARECHAL-DES-LOGIS.

Oui, bouteille.

GERTRUDE.

Non, par saint Benoît, je n'apporterai rien.

LE MARECHAL-DES-LOGIS, *se levant et allant à la gauche de Gertrude.*

Il m'est bien permis de boire mon vin, peut-être ?

GERTRUDE.

Et de te ruiner, n'est-ce pas ?

LE MARECHAL-DES-LOGIS, *retournant à la table.*

Pas de raisons : j'ai vaincu pour la République, et je veux boire à sa prospérité.

GERTRUDE.

Se bien battre et boire de l'eau, c'est le moyen de faire sa réputation et sa fortune.

LE MARECHAL-DES-LOGIS, *revenant à sa femme.*

Qu'appelles-tu, de l'eau ? je ne suis pas encore assez malade pour me réconcilier avec mes ennemis. Du vin.

GERTRUDE.

Non.

LE MARECHAL-DES-LOGIS, *entrant sous le hangar.*

Non ? Je vais en tirer.

SCÈNE III.

LES DEUX DRAGONS, GERTRUDE.

GERTRUDE, *allant se mettre sur l'escabelle qu'occupoit son mari.*

TIRE, tire ; il y a un secret au robinet.

PREMIER DRAGON.

Savez-vous que vous n'êtes pas raisonnable ?

GERTRUDE.

Que vous importe ?

SECOND DRAGON.

Que votre mari est trop bon.

GERTRUDE.

Ah ! ne m'échauffez pas les oreilles.

PREMIER DRAGON.

Est-ce que vous lui feriez perdre ses pratiques ?

GERTRUDE.

La belle perte, en effet : il faut boire le profit avec eux. Allez, allez, on se passera bien de vous ; la providence est là.

PREMIER DRAGON.

La providence boira ton vin, n'est-ce pas ?

GERTRUDE.

On a vu des choses bien plus miraculeuses ; mais vous ne croyez rien, vous autres.

PREMIER DRAGON.

Moi, je ne crois qu'à la République.

SCÈNE IV.

Les précédens, LE MARÉCHAL-DES-LOGIS.

LE MARÉCHAL-DES-LOGIS, *apportant une bouteille de vin et la mettant sur la table.*

VOILA du vin ; et toi, prends garde à ta pièce.

GERTRUDE, *sortant avec précipitation.*

Ah ! le malheureux a tout lâché.

SCÈNE V.

Les précédens, *excepté* GERTRUDE.

LE MARÉCHAL-DES-LOGIS.

VOILA comment je mets ma femme à la raison.

PREMIER DRAGON.

L'expédient est nouveau.

SECOND

SECOND DRAGON.

Et sûr.

PREMIER DRAGON.

Mais un peu cher.

LE MARECHAL-DES-LOGIS.

La paix du ménage est une si belle chose, qu'on ne peut trop la payer. Buvons.

PREMIER DRAGON.

Au succès de nos armes !

TOUS ENSEMBLE, *buvant.*

Au succès de nos armes !

LE MARECHAL-DES-LOGIS.

A notre général ! à notre colonel !

PREMIER DRAGON.

Ils sont braves.

SECOND DRAGON.

Habiles.

LE MARECHAL-DES-LOGIS.

Et incorruptibles, ce qui est rare. A notre général, et à notre colonel !

TOUS ENSEMBLE, *buvant.*

A notre général, et à notre colonel !

SCÈNE VI.

Les précédens, GERTRUDE.

GERTRUDE, *passant au milieu du théâtre.*

Vous êtes un homme charmant, mon mari.

LE MARECHAL-DES-LOGIS.

Je le sais bien, ma femme : du vin. (*Il lui présente une bouteille vuide.*)

GERTRUDE.

Comment, du vin ! et la moitié de la pièce est per-due !

B

LE MARECHAL-DES-LOGIS.

Il faut boire le reste, de peur d'un nouvel accident. (*Un tems.*) Eh bien ! faut-il que je retourne à la cave ?

GERTRUDE, *prenant la bouteille.*

Restez, mon mari.

LE MARECHAL-DES-LOGIS, *l'arrêtant.*

Non, Gertrude, vous vous comportez en femme soumise, je me montrerai mari complaisant. Je t'aime, mon enfant, je t'aime de tout mon cœur ; mais, palsembleu ! je n'entends que tu me mène. Viens m'embrasser.

GERTRUDE, *l'embrassant.*

Tiens, es-tu content ?

LE MARECHAL-DES-LOGIS.

Enchanté.

PREMIER DRAGON, *se levant et passant à la droite de Gertrude.*

Nous sommes un peu cause de tout ce grabuge ; permets, camarade, que nous donnions aussi le baiser de paix.

SECOND DRAGON, *se levant et allant à la gauche de Gertrude.*

Oui, le baiser de paix, citoyenne Gertrude.

(*Ils vont pour l'embrasser, et Gertrude leur donne à chacun un soufflet.*)

PREMIER DRAGON.

Ta femme distribue des soufflets aussi lestement....

SECOND DRAGON.

Que nous des coups de sabre.

LE MARECHAL-DES-LOGIS.

Ma femme, vous avez manqué à ces braves gens, et je ne souffre pas qu'on manque à mes camarades.

GERTRUDE.

Ce sont eux qui m'ont manqué. Mais vous ne sentez rien. Des dragons qui veulent m'embrasser !

LE MARECHAL-DES-LOGIS.

Eh! qui embrasseras-tu donc, des capucins? Je no
crois pas aux vertus qui égratignent, moi; je t'en aver-
tis; ils t'ont demandé un baiser, et tu le leur donneras.

GERTRUDE.

Grand Saint-Benoit! me voilà précisément dans le
cas de la chaste Suzanne!

LE MARECHAL-DES-LOGIS.

Ta Suzanne étoit entre deux vieillards; et tu no sais
pas ce qu'elle eût fait entre deux jeunes gens. Embrasse.

GERTRUDE.

Non, non, non. C'est abuser de ma patience et de
ma bonté.

LE MARECHAL-DES-LOGIS, *après un signe d'intelligence aux Dragons.*

En ce cas, donne-moi mon sabre.

GERTRUDE, *effrayée.*

Pourquoi faire?

LE MARECHAL-DES-LOGIS.

Il faut que toi ou moi, leur fassions raison des soufflets.

GERTRUDE.

J'embrasse. (*Les Dragons l'embrassent. Elle s'essuie et
fait la grimace.*)

LE MARECHAL-DES-LOGIS.

Allons, enfans; il nous reste un verre de vin, re-
mettons-nous. Gertrude, place-toi entre ces deux lu-
rons.

GERTRUDE.

Je n'ai pas soif.

LE MARECHAL-DES-LOGIS.

Nous avons encore la grande santé à porter.

B 2

GERTRUDE.

Je n'en porterai ni grande, ni petite ; je ne veux
pas boire.

LE MARECHAL-DES-LOGIS.

Comment, morbleu ! tu ne boiras pas à la République ;
à qui tu dois la clef des champs ; et ton mari ?

GERTRUDE.

Oh ! de bon cœur, mon petit homme, et je verse-
rai (*elle verse.*) à la République.

PREMIER DRAGON.

C'est la bonne sainte, celle-ci.

LE MARECHAL-DES-LOGIS.

C'est la grande faiseuse de miracles.

TOUS, *buvant.*

A la République !

LE MARECHAL-DES-LOGIS.

Eh bien, voilà une bonne femme, une femme qui
verse à boire, qui boit avec nous, et qui embrasse mes
amis ! Tu as encore un reste des momeries de ton couvent ; mais tu n'auras pas fait deux campagnes, qu'il n'y
paroîtra plus. (*Tirant une grosse montre.*) Enfans, voilà
l'heure du devoir. Il faut savoir faire son métier aussi
gaiement qu'on vuide une bouteille.

PREMIER DRAGON, *se levant.*

C'est bien dit, camarade ; chaque chose a son tems.
Combien doit-on, la bourgeoise ?

GERTRUDE.

Je vais vous dire cela.

LE MARECHAL-DES-LOGIS, *à part.*

Il faut que la leçon soit complète. (*haut.*) On ne doit
rien, c'est moi qui régale.

SECOND DRAGON.

Au revoir, donc. Demain, nous aurons notre tour.

(*Les Dragons sortent, et ceux qui occupent le fond se
lèvent et sortent aussi par la droite.*)

SCÈNE VII.

GERTRUDE, LE MARECHAL-DES-LOGIS.

GERTRUDE.

Au ça, mon mari, quand finira la vie que tu mène?

LE MARECHAL-DES-LOGIS.

Le plus tard que je pourrai.

GERTRUDE.

Crois-tu qu'il soit agréable pour ta femme....

LE MARECHAL-DES-LOGIS.

J'ai pris une femme pour égayer la fin de ma carrière, et non pour l'abréger, entends-tu?

GERTRUDE.

Je remplis mes devoirs de femme.

LE MARECHAL-DES-LOGIS.

Et moi mes devoirs de soldat.

GERTRUDE.

Et ceux de mari?

LE MARECHAL-DES-LOGIS.

Je ne sais pas faire de prodiges.

GERTRUDE.

Tu sacrifies tout à tes camarades, tout, jusqu'à ta femme.

LE MARECHAL-DES-LOGIS.

Qu'appelles-tu, te sacrifier? quand tu as tort, il faut que tu cède; c'est dans l'ordre.

GERTRUDE.

Tiens, tu ne sais que te battre.

LE MARECHAL-DES-LOGIS.

C'est beaucoup.

GERTRUDE.

Et à quoi cela te mène-t-il?

LE MARECHAL-DES-LOGIS.

A être toujours content de moi.

GERTRUDE.

Tu n'en es pas plus avancé.

LE MARECHAL-DES-LOGIS.

Je ne me plains pas, que t'importe?

GERTRUDE.

Quand on a fait son devoir comme toi....

LE MARECHAL-DES-LOGIS.

On ne fait que ce qu'on doit; ne me romps pas la tête.

GERTRUDE.

Mon mari?

LE MARECHAL-DES-LOGIS.

Ma femme?

GERTRUDE.

Je crois que je peux vous représenter....

LE MARECHAL-DES-LOGIS.

Non.

GERTRUDE.

Qu'on a des torts avec vous.

LE MARECHAL-DES-LOGIS.

Tu as bien l'esprit de l'église, l'ambition te dévore. Je ne veux pas commander, moi.

GERTRUDE.

Ton capitaine est colonel, qu'a-t-il fait de plus que toi, qui étois à ses côtés?

LE MARECHAL-DES-LOGIS.

Vous êtes-vous donné le mot pour me tenter? Es-tu un agent de Cobourg, toi?

GERTRUDE.

La première place est encore aux Pharisiens.

LE MARECHAL-DES-LOGIS.

Te tairas-tu?

GERTRUDE.

Je veux parler.

LE MARÉCHAL-DES-LOGIS.

Et moi, je veux que tu te taises.

GERTRUDE.

Ce n'est pas un Josué, que ton colonel.

LE MARÉCHAL-DES-LOGIS.

Je te casse, je te pulvérise, je te mets au caramel.

GERTRUDE, *les poings sur les côtés.*

Oh, je dis! nous sommes deux.

LE MARÉCHAL-DES-LOGIS.

Tu te défends, je crois?

GERTRUDE.

Je suis en état de siége.

LE MARÉCHAL-DES-LOGIS.

C'est un diable!

GERTRUDE.

C'est un dieu!

LE MARÉCHAL-DES-LOGIS.

Et tu me crucifie.

GERTRUDE.

Allons, écoute-moi, mon cher petit mari.

LE MARÉCHAL-DES-LOGIS.

Parle donc, puisque la rage te tient.

GERTRUDE.

Nous ne sommes ici que d'hier, et cet homme que tu prônes tant, fait déjà sa cour à son hôtesse.

LE MARÉCHAL-DES-LOGIS.

C'est une misère.

GERTRUDE.

C'est une infamie.

LE MARÉCHAL-DES-LOGIS.

Son hôtesse est veuve; il lui doit des consolations.

GERTRUDE.

Je ne la crois pas inconsolable.

LE MARÉCHAL-DES-LOGIS.

Elle a raison : le chagrin n'est bon à rien.

GERTRUDE.

Ton colonel se conduit comme le roi David ; mais patience ! patience !

LE MARÉCHAL-DES-LOGIS.

Le roi David !

GERTRUDE.

Oui, qui aimoit mieux sa voisine que sa femme.

LE MARÉCHAL-DES-LOGIS.

Le roi David avoit tort, n'est-ce pas, Gertrude ?

GERTRUDE.

Aussi pour le châtier, le ciel fit mourir de la peste la moitié de ses sujets.

LE MARÉCHAL-DES-LOGIS.

Pour châtier le roi, le ciel tua la moitié de son peuple !

GERTRUDE.

Oui, mon mari.

LE MARÉCHAL-DES-LOGIS.

Le ciel étoit en ribotte ce jour-là.

GERTRUDE, *lui mettant la main sur la bouche.*

Oh ! Jésus, Maria, Joseph ! La religion nous défend...

LE MARÉCHAL-DES-LOGIS.

Laissons cela : revenons à nos affaires.

GERTRUDE.

Revenons à la veuve.

LE MARÉCHAL-DES-LOGIS.

A nos affaires, te dis-je.

GERTRUDE.

Nous sommes logés, ma cuisine est en train, et tout est dit : mais cette femme....

LE MARÉCHAL-DES-LOGIS.

Cela ne te regarde pas, ni moi non plus.

GERTRUDE.

Elle est belle.

LE MARÉCHAL-DES-LOGIS.

Il n'y a pas de mal à cela.

GERTRUDE.

GERTRUDE.

Non ; mais elle est tendre.

LE MARÉCHAL-DES-LOGIS.

Ce n'est pas sa faute.

GERTRUDE.

Ce n'est pas sa faute ? Que dirais-tu, si notre hôte m'en contoit, et que je le laissasse dire ?

LE MARÉCHAL-DES-LOGIS, *après l'avoir fixée.*

Il ne t'en contera pas.

GERTRUDE.

Oh ! non certes ; il me respecte, lui.

LE MARÉCHAL-DES-LOGIS.

Et tu es très-respectable.

GERTRUDE.

Mais ton Colonel ne respecte rien.

LE MARÉCHAL-DES-LOGIS.

C'est un jeune homme, il s'amuse.

GERTRUDE.

Et sa pauvre petite femme ?

LE MARÉCHAL-DES-LOGIS.

Elle est à Furnes.

GERTRUDE.

Une femme si jolie, si aimante !

LE MARÉCHAL-DES-LOGIS.

Elle est à Furnes.

GERTRUDE.

Et les absens doivent avoir tort, n'est-il pas vrai ?

LE MARÉCHAL-DES-LOGIS.

Je ne dis pas cela.

GERTRUDE.

Mais tu le penses. Ils sont tous de même ; et l'amour éternel que vous nous jurez....

C

LE MARÉCHAL-DES-LOGIS.

C'est comme si un homme juroit, en se mettant à table, d'avoir toujours bon appétit.

GERTRUDE.

Quelle morale ! c'est Satan qui te souffle.

LE MARÉCHAL-DES-LOGIS.

Tu prends tout au tragique, et je me moque de toi.

GERTRUDE.

La belle citoyenne sera la dupe de l'aventure, je te le prédis.

LE MARÉCHAL-DES-LOGIS.

Cela se peut.

GERTRUDE.

Ça croit peut-être, comme une autre Judith, séduire nos officiers !

LE MARÉCHAL-DES-LOGIS.

Oh, une française !

GERTRUDE.

Elle ne trouvera pas d'Holopherne.

LE MARÉCHAL-DES-LOGIS.

Je l'espère.

GERTRUDE.

Je t'en réponds ; j'écrirai tout au Général.

LE MARÉCHAL-DES-LOGIS.

Il y a une heure que tu jases, sans me rien dire de positif : que lui écriras-tu ?

GERTRUDE.

Je n'en sais rien ; j'écrirai toujours.

LE MARÉCHAL-DES-LOGIS.

Je te le défends.

GERTRUDE.

Je pars pour l'armée, si tu me contraries.

LE MARÉCHAL-DES-LOGIS.

Ah ça, Gertrude, ne recommençons pas.

GERTRUDE.

C'est toujours toi qui cherches noise. Je veux pr ndre les intérêts de ma petite Sainte-Claire, moi, maintenir la paix dans les ménages.

LE MARÉCHAL-DES-LOGIS.

Et la chasser de ta maison : nous sommes dans un état de guerre permanent.

GERTRUDE.

C'est ta faute.

LE MARÉCHAL-DES-LOGIS.

C'est la tienne.

GERTRUDE.

Que je me repends de t'avoir écouté !

LE MARÉCHAL-DES-LOGIS.

Et moi, de t'avoir prise !

GERTRUDE.

Que ne me laissois-tu dans mon couvent ?

LE MARÉCHAL-DES-LOGIS.

Eh ! que n'y restois-tu ?

GERTRUDE.

On est femme comme une autre.

LE MARÉCHAL-DES-LOGIS.

Comme une autre ! comme il n'y en a pas. Tiens, pour mettre fin à tes criailleries, je serai quelque jour obligé de t'attacher à l'embouchure d'un canon.

GERTRUDE.

Oh, le scélérat ! je voudrois bien voir cela, par exemple.

LE MARÉCHAL-DES-LOGIS.

Oui, c'est un petit plaisir que je te procurerai, si tu ne prends garde à toi. (*Il sort par la gauche.*)

C 2

SCÈNE VIII.

GERTRUDE seule.

A l'em'ouchure d'un canon ! à l'embouchure d'un canon ! Oh, la vilaine chose qu'un homme ! et on aime ces animaux-là ! et on fait tout pour eux ! et on ne peut s'en détacher ! (*Elle se retourne du côté par où il est sorti.* Tu me tuerois cent fois, vois-tu, que je ne céderois pas une ; c'est dans mon caractère, il faut que je parle ; et quand j'ai raison, je ne finis plus. Oui, j'écrirai tout au Général ; il ne plaisantera pas, lui ; c'est un républicain, il a des mœurs.

SCÈNE IX.

LA PETITE FILLE, GERTRUDE.

LA PETITE FILLE, *sortant de la maison qui est à droite;*

Dites donc, la femme ?

GERTRUDE.

Eh bien, qu'est-ce, la fille ? La femme ! la femme !

LA PETITE FILLE.

Vous êtes attachée au régiment ?

GERTRUDE.

Qu'appellez-vous, au régiment ? Je suis l'épouse d'un maréchal-des-logis en chef.

LA PETITE FILLE.

Ah ! j'en suis bien aise.

GERTRUDE.

Je ne vois pourtant pas que cela vous avance de beaucoup.

LA PETITE FILLE.

Au contraire : ma marraine, qui demeure là , et qui aime bien le Colonel, m'a chargée de parler à quelqu'un du régiment; et comme vous me paroissez douce et honnête , je viens vous prier.....

GERTRUDE.

Fi ! qu'il est affreux , à votre âge , de faire ce vilain métier-là ; et c'est Gertrude qu'on choisit pour un semblable commerce ! Gertrude, qui a vécu sous la règle de saint Benoît, et dont on connoit la vertu ! Apprenez, petite damnée , que vous feriez plutôt parler une seconde fois l'âne de Balaam, que de m'arracher un mot sur vos amours illicites. (*Elle rentre sous le hangar.*)

SCÉNE X.

LA PETITE FILLE, *seule.*

Eh bien ! qu'ai-je donc dit qui puisse la mettre en colère? Elle n'a seulement pas voulu m'entendre. J'allois lui faire quelques questions sur la conduite , le caractère, les relations du Colonel : oui, voilà les trois mots de ma marraine, conduite , caractère, relations; et je fais un vilain métier ! et je suis une petite damnée ! et j'ai des amours illicites ! Oh ! elle n'est ni douce , ni honnête, cette citoyenne-là. Il me semble pourtant que quand on aime un homme, il est bien naturel de vouloir le connoitre.

SCÉNE XI.

LA PETITE FILLE, GERTRUDE.

GERTRUDE, *rentrant pour ranger ses tables.*

Encore ici, petite envoyée de Satan ! Attends , attends, je vais prendre mon balai, et t'arranger de la bonne manière.

LA PETITE FILLE, s'enfuyant et entrant dans la maison de la veuve.

Oh, la vilaine femme! la vilaine femme!

SCENE XII.

GERTRUDE, *seule.*

QUE je te voie roder autour de ma boutique, je t'apprendrai à qui tu te joues.

SCÈNE XIII.

LE COLONEL, GERTRUDE.

LE COLONEL, *accourant avec la plus grande joie, un paquet à la main.*

C'EST toi, Gertrude?

GERTRUDE.

C'est moi-même.

LE COLONEL.

Me voilà de retour.....

GERTRUDE.

Je le vois bien.

LE COLONEL.

D'une course auprès des Représentans du Peuple.....

GERTRUDE.

A la bonne heure!

LE COLONEL.

De qui j'ai obtenu une grace bien chère à mon cœur! Je ne suis pas de ces hommes qui ne s'occupent de leurs amis que quand ils en ont besoin : j'ai pensé à un vieux camarade, brave sans orgueil, modeste sans bassesse, servant sa Patrie par goût, et se croyant payé de ses services par le seul plaisir d'être utile. Gertrude, je n'ai eu qu'un seul mot à dire, et la facilité des bienfaiteurs donne un double prix aux bienfaits. Voilà un paquet pour ton mari : tu le grondes, tu le tourmentes ; mais il t'aime, et il sera enchanté de recevoir ceci de ta main.

(*Il court à son logement.*)

SCÈNE XIV.

GERTRUDE , *seule.*

Bon dieu ! bon dieu ! que peut-il donc y avoir dans ce paquet ? (*Elle lit l'adresse.*) C'est bien pour lui ; je grille de savoir ce que c'est : l'ouvrirai-je ? Eh, pourquoi non ? il est mon mari ; mais je suis sa femme : je n'ai point de secrets pour lui, il n'en doit point avoir pour moi. (*Elle ouvre et déploie un papier.*) Un brevet d'officier ! grand saint Benoit ! (*elle regarde encore.*) de capitaine ! Je suis la femme d'un capitaine ! ah ! j'en perdrai l'esprit...... Et c'est le colonel qui a fait cela ! Supportons sa foiblesse. Quand Noé s'enivra, son fils le couvrit de son manteau : mon pauvre vieux !.... ce cher ami !... va, je te pardonne le vin bu et à boire, je te pardonne tes duretés ; car, dans ma conscience, je dois convenir que je ne suis pas bonne. Courons, courons lui annoncer cette bonne nouvelle. Ah ! sainte République, je ne reconnois plus que toi pour patrone ! (*Elle sort par la gauche.*)

SCÈNE XV.

LE COLONEL, LA VEUVE ET LA PETITE FILLE, *qui va s'asseoir sur un banc qui est auprès de la maison.*

LE COLONEL.

Vous, m'échapper, citoyenne !

LA VEUVE, avec une sorte de fierté.

Vous échapper, Colonel ! je me promène.

LE COLONEL.

Je vous suis.

LA VEUVE.

Vous ne le méritez pas. Je suis très-mécontente de vous ; vous abusez de vos avantages.

LE COLONEL.

Je n'abuse de rien, et je profite de tout.

LA VEUVE.

Soyez donc raisonnable.

LE COLONEL.

En vérité, je ne le peux pas.

LA VEUVE.

Songez qu'une femme comme moi....

LE COLONEL.

Peut s'accommoder à merveille d'un sans-culotte.

LA VEUVE.

Vous finirez, j'espère : d'ailleurs je vous ai jugé, je suis sur mes gardes.

LE COLONEL.

Prévoyance inutile. J'achète quelquefois la victoire ; elle m'échappe rarement.

LA VEUVE.

En guerre ?

LE COLONEL.

Comme en amour.

LA VEUVE.

Quel intérêt peut inspirer une veuve ?....

LE COLONEL.

Une veuve telle que vous est au-dessus de ce qu'il y a de plus aimable.

LA VEUVE.

Ah ! voilà de la galanterie françoise !

LE COLONEL.

Pas du tout. Cette fade galanterie a fait place à la franchise, et les femmes même ne s'en plaignent pas ; elles reçoivent moins d'éloges ; mais ils sont plus sincères.

LA VEUVE.

Allons, Colonel, promettez-moi d'être sage.

LE COLONEL.

Je ne promets jamais que ce que je veux tenir.

LA VEUVE.

Je ne conçois rien à votre conduite.

LE COLONEL.

Elle est cependant bien claire.

LA VEUVE.

Mais je voudrois n'y voir que ce qui peut vous faire estimer.

LE COLONEL.

Moins d'estime et plus de tendresse.

LA VEUVE.

Où vous mèneroit-elle ?

LE COLONEL.

Cela ne se demande pas.

LA VEUVE.

Vous êtes en effet très-intelligible.

LE COLONEL.

Je ne parle que pour être entendu.

LA VEUVE.

Je vous entends, et je vais vous répondre.

LE COLONEL.

Comme je le desire ?

LA VEUVE.

Comme je le dois.

LE COLONEL.

En ce cas, je n'écoute rien.

D

LA VEUVE.

Colonel, vos procédés sont peu honnêtes. J'ai du moins le droit de me faire écouter.

LE COLONEL.

Dans votre appartement, tant qu'il vous plaira.

LA VEUVE.

Nous n'en sommes pas encore aux têtes-à-têtes.

LE COLONEL.

En guerre, on dédaigne les préliminaires, et on va de suite au fait.

LA VEUVE.

J'espère, Colonel, que nous ne sommes pas en guerre.

LE COLONEL.

Je suis au moins très-disposé à vivre en paix.

LA VEUVE.

Et vous proposez des conditions.... (à part.) Il ne s'explique pas.

LE COLONEL.

(à part.) Elle est prise.

LA VEUVE.

Raisonnons, mon cher Colonel. J'avois un époux parfaitement honnête....

LE COLONEL.

Et parfaitement ennuyeux !

LA VEUVE.

Pas du tout, Monsieur. S'il n'avoit pas les agrémens de la jeunesse, il avoit d'excellentes qualités, et il m'aimoit....

LE COLONEL.

Comme vous serez aimée de tous ceux qui vous verront.

LA VEUVE.

Il n'est plus, et voilà de ces pertes....

LE COLONEL.

Dont l'amour seul dédommage.

LA VEUVE.

Dont il peut au moins consoler, quand il est délicat
et vrai.

LE COLONEL.

A cet égard, vous n'aurez rien à desirer.

LA VEUVE.

Ah, Colonel ! on prend si souvent un simple goût
pour de l'amour....

LE COLONEL.

Ce n'est pas ce que vous devez craindre, et je crois
que je vous parle en homme véritablement pénétré.

LA VEUVE.

Si je pouvois aimer encore, je voudrois au moins
que mon amant commençât par m'offrir le sacrifice....

LE COLONEL.

Je vous avoue qu'en sacrifice, je puis très-peu de
chose.

LA VEUVE.

Nous ne nous entendons pas, car bien certainement
vous pouvez tout.

LE COLONEL.

Et quel est ce sacrifice, voyons ?

LA VEUVE.

Avec autant d'esprit, pouvez-vous lo demander !

SCÈNE XVI.

LE COLONEL, PREMIER DRAGON, LA VEUVE.

PREMIER DRAGON.

Mon Colonel, deux dragons sont sortis du village
pour se battre ; ils sont déjà très-loin dans la campagne.

LE COLONEL.

Des Français se battre entre eux ! quelle indignité !
Mon camarade, selle-moi un cheval : je vole sur leurs
pas. (*Il sort avec le dragon, par la gauche.*)

SCÈNE XVII.

LA VEUVE, LA PETITE FILLE, *travaillant*
sur le banc.

LA VEUVE.

QUELLE réunion de qualités opposées ! des graces,
de la figure, de l'héroïsme, des vertus même, et une
légéreté qui suppose presque un oubli de principes....
Et j'écoute ses folies, moi, qui prétends à la raison !
et je l'aime, moi qui le connois à peine ! En vérité,
je crains de descendre dans mon cœur.... C'est qu'un
petit être si intéressant, qu'on se figure exposé à une
batterie, au milieu d'une forêt de bayonnettes, et bra-
vant tout cela avec la gaieté qui le caractérise ; c'est
que ce petit être a tant de charmes, qu'une femme no
peut expliquer, mais qui l'entraînent si fortement....
Ah ! qu'un soldat aimable est dangereux !

LA PETITE FILLE, *appercevant Gertrude.*

Ma marraine, ma marraine, sauvons-nous.

LA VEUVE.

Et pourquoi ?

LA PETITE FILLE.

Voilà cette méchante femme, dont je vous ai parlé ;
elle m'a voulu battre, et vous battroit peut-être aussi.

LA VEUVE.

Je ne crois pas cela, par exemple.

LA PETITE FILLE.

Je me meurs de peur, ma maîtresse, rentrons, je vous en prie.

LA VEUVE, rentrant avec la petite.

Que tu es encore enfant !

SCÈNE XVIII.

GERTUDE, LE MARÉCHAL-DES-LOGIS.

GERTRUDE, *dans l'ivresse de sa joie.*

Oui, mon cher petit mari, ils t'ont fait capitaine.

LE MARÉCHAL-DES-LOGIS.

Je n'en suis pas fâché.

GERTRUDE.

Ils t'ont fait capitaine ! Mais conçois-tu cela ?

LE MARÉCHAL-DES-LOGIS.

A merveille. A qui donnera-t-on une compagnie ? à un chanoine ?

GERTRUDE.

C'est qu'il y a de quoi devenir folle, mais folle à lier !

LE MARÉCHAL-DES-LOGIS.

Allons, tu n'es qu'une femme.

GERTRUDE.

Toujours des propos ! et toi, qu'es-tu ?

LE MARÉCHAL-DES-LOGIS.

Un homme persuadé qu'il est plus aisé d'obéir que de commander.

GERTRUDE.

Tout cela est bel et bon ; il n'est pas moins vrai que le mérite perce tôt ou tard.

LE MARÉCHAL-DES-LOGIS *la saluant.*

Ah ! ma femme.

GERTRUDE.

Et les méchans ont toujours un pied de nez.

LE MARÉCHAL-DES-LOGIS.

Quelquefois, Gertrude, quelquefois.

GERTRUDE.

C'est ainsi que le prophète Jonas, que des envieux avoient jetté à la mer, fut sauvé par une baleine, qui le garda trois jours dans son ventre.

LE MARÉCHAL-DES-LOGIS.

Ce Jonas étoit un morceau de dure digestion.

GERTRUDE.

Oh, c'est un grand miracle !

LE MARÉCHAL-DES-LOGIS.

Si la baleine eût passé trois jours dans le ventre de Jonas, le coup seroit bien plus fort.

GERTRUDE.

Tu ris de tout.

LE MARÉCHAL-DES-LOGIS.

Et même de ta joie.

GERTRUDE.

Ma joie.... ma joie est ineffable, et elle est bien naturelle. Me voilà la femme d'un homme en place ; je ne serai plus vivandière, et je prendrai bientôt....

LE MARÉCHAL-DES-LOGIS.

Qu'est-ce que tu dis donc, ma femme, tu ne seras plus vivandière ?

GERTRUDE.

Non, dieu merci.

LE MARÉCHAL-DES-LOGIS.

Pourquoi cela, ma femme ?

GERTRUDE.

Tiens, pourquoi ? crois-tu que je servirai pendant que

tu commanderas : vas, vas, je ferai ma fière tout comme
une autre, et je sens déjà que ce vilain métier-là ne me
convient plus.

LE MARÉCHAL-DES-LOGIS.

Ecoute donc, Gertrude ; je crois que tu as raison :
je suis en effet un grand personnage, et ma femme ne
doit plus être vivandière. Je vais plus loin, car j'aime
à profiter de tes idées ; une sœur converse étoit le fait
d'un soldat sans ressource, et même sans espoir ; mais
aujourd'hui, toutes réflexions faites, tu n'es plus digne
d'être ma femme.

GERTRUDE.

Oui, mais.... je la suis.

LE MARÉCHAL-DES-LOGIS.

Oui, mais.... le divorce ?

GERTRUDE.

Ah ! tous les saints du paradis ensemble, qu'as-tu
dit-là !

LE MARÉCHAL-DES-LOGIS.

Je dis que je divorce.

GERTRUDE.

Comment, coquin, tu divorces !

LE MARÉCHAL-DES-LOGIS, *traversant le théâtre d'un
air tragi comique.*

Ne vous oubliez pas, ma mie ; respectez un homme
comme moi. Oui, je divorce, je ne vous connois plus.

GERTRUDE, *le suivant d'un air suppliant.*

Quoi ! tu pourrois abandonner ta Gertrude, ton fouille
au pot, pauvre, mais honnête, qui t'a suivi dans les
garnisons, dans les camps, et dans les combats ?

LE MARÉCHAL-DES-LOGIS, *s'arrêtant.*

Quoi ! tu pourrois abandonner un métier nécessaire,
par conséquent estimable, et qui nous a nourris l'un et
l'autre ! Que répondras-tu à un blessé, à un soldat excédé

de fatigue, qui te demandera un verre de vin ? Que tu es
la femme d'un capitaine ! Ta réponse impertinente sou-
lagera-t-elle leur misère ? Donne, si tu ne veux pas
vendre ; mais sois utile à tes frères.

GERTRUDE, *après avoir embrassé son mari avec transport.*

Ah , quelle leçon ! quelle leçon ! Je n'en ai pas
trouvé de pareille dans la vie des saints. (*présentant la
main à son mari.*) Je garde mon métier.

LE MARÉCHAL-DES-LOGIS, *lui frappant dans la main.*

Je garde ma femme. Ah , voilà le Général.

GERTRUDE.

Et ma petite Sainte-Claire.

SCENE XIX.

LE GÉNÉRAL, SAINTE-CLAIRE, LE
MARÉCHAL-DES-LOGIS, UN AIDE-
DE-CAMP, OFFICIERS ET DRAGONS
derrière.

LE GÉNÉRAL.

Oui, mes amis, le Général en chef m'envoie cons-
tater la perte qu'a éprouvée le régiment. On veut le
completter sans délai.

LE MARÉCHAL-DES-LOGIS.

Bravo !

LE GÉNÉRAL.

Et le renvoyer au feu, sans perdre un instant.

L'ÉTAT-MAJOR ET TOUS LES DRAGONS.

Vive la République !

LE GÉNÉRAL.

Je me suis détourné d'une lieue, pour procurer à
ma

ma nièce, le plaisir de voir ses camarades.

SAINTE-CLAIRE.

Et mon mari?

LE GÉNÉRAL.

N'es-tu pas bien fatiguée?

SAINTE-CLAIRE.

Je n'y penserai plus quand je l'aurai embrassé.

LE GÉNÉRAL.

Il va déraisonner pendant une heure, car il t'aime,
il t'aime....

SAINTE-CLAIRE.

Comme il est aimé, mon oncle.

LE GÉNÉRAL, *aux officiers.*

Elle ignoroit qu'il fût colonel.

SAINTE-CLAIRE.

Et ce qui me flatte le plus, c'est qu'il l'a mérité.

LE GÉNÉRAL, *aux officiers.*

Montrez-nous son logement, (*à Sainte-Claire.*) car
c'est-là que le cœur t'appelle.

LE MARÉCHAL-DES-LOGIS.

Mon Général, le Colonel n'est pas chez lui ; je l'ai
rencontré....

SAINTE-CLAIRE.

Eh, bonjour, mon vieux camarade. Te voilà, ma
pauvre Gertrude ! (*Elle l'embrasse et retourne à sa place.*)

GERTRUDE.

Elle ne fait pas sa princesse, celle-là.

LE MARÉCHAL-DES-LOGIS.

Elle ne rougiroit pas d'être vivandière.

GERTRUDE, *très-vivement.*

Ah ça, mon mari, c'est une affaire terminée, et vous
avez très-mauvaise grace à revenir là-dessus.

LE GÉNÉRAL.

Toujours vive, Gertrude !

B

SAINTE-CLAIRE.

Et cependant, bonne femme, n'est-il pas vrai? l'un ne va guère sans l'autre.

GERTRUDE, *à son mari.*

Qu'as-tu à dire à cela?

LE MARÉCHAL-DES-LOGIS.

Que la citoyenne est polie.

SAINTE-CLAIRE.

Et mon mari, mon oncle?

LE GÉNÉRAL.

Mais, tu es bien pressée.

SAINTE-CLAIRE.

Ecoutez donc, après six mois d'absence....:

LE GÉNÉRAL.

Oh, c'est très-pardonnable; mais si on ne sait où le prendre?

SAINTE-CLAIRE.

Il faut faire sonner le boutte-selle.

LE GÉNÉRAL.

Et le tocsin, mettre tout le canton en l'air.... Ce n'est pas que tu n'en vaille bien la peine, au moins.

GERTRUDE, *à Sainte-Claire.*

Si vous voulez vous rafraîchir en l'attendant, (*d'un ton de confiance.*) j'ai encore la moitié d'une oie farcie, qui vous a une mine... Quand ce seroit pour un prélat, je n'aurois pas mieux réussi.

SAINTE-CLAIRE.

Je te remercie, ma bonne amie: je vais l'attendre à son logement.

LE GÉNÉRAL.

A son logement, où il n'est pas, et où nous ne connoissons personne?

SAINTE CLAIRE.

Je l'attendrai donc ici?

LE GÉNÉRAL.

Oui, cela vaudra mieux ; je me plais au milieu de mes camarades, moi.

GERTRUDE.

Et vous tâterez de l'oie ?

SAINTE-CLAIRE.

Va pour l'oie.

(*Gertrude rentre sous le hangar, et apporte l'oie, &c.*)

LE MARÉCHAL-DES-LOGIS, *au Général.*

J'ai un petit vin qui a été un peu balloté, mais qui vous a un goût aigrelet qui fait plaisir ; si j'osois, mon Général....

LE GÉNÉRAL.

Comment donc, mon camarade ? hors le service, il ne doit y avoir ici que des frères et des amis. Voyons ton petit vin.

(*Il s'assied à côté du hangar, Sainte-Claire en face de lui ; l'Etat-major et les Dragons garnissent une autre table.*)

LE MARÉCHAL-DES-LOGIS.

Allons, femme, à la cave, et donne-nous du meilleur.

GERTRUDE, *coupant.*

Et tant que vous voudrez. On ne traite pas tous les jours son Général, et la femme de son Colonel.

LE MARÉCHAL-DES-LOGIS.

C'est un plaisir que tu n'aurois pas, si tu n'étois vivandière.

GERTRUDE, *rentrant sous le hangar pour aller chercher du vin.*

C'est bon, c'est bon.

LE MARÉCHAL-DES-LOGIS, *servant.*

C'est un morceau sous le pouce : nous n'avons pas de vaisselle.

SAINTE-CLAIRE.

Eh bien, mon oncle, qu'en dites-vous?

LE GÉNÉRAL.

Excellent, en honneur.

LE MARÉCHAL-DES-LOGIS.

C'est un grand cuisinier, qu'un bon appétit.

LE GÉNÉRAL.

C'est beaucoup, j'en conviens; mais ta femme s'est surpassée.

GERTRUDE, *apportant du vin et versant.*

Goûtez moi cela, mon Général.

LE GÉNÉRAL, *à Sainte-Claire.*

A la santé de ton mari, c'est boire à la tienne.

SAINTE-CLAIRE.

Et à la vôtre, mon cher oncle.

LE GÉNÉRAL.

C'est vrai: à vous, enfans.

GERTRUDE.

Grand merci, mon Général. A propos, vous ne savez pas le bonheur qui nous est arrivé?

LE GÉNÉRAL.

Non: qu'est-ce?

GERTRUDE.

Mon vieux est capitaine; il a son brevet en poche. (*A son mari.*) Montre donc, montre donc, l'homme. Ah, mon dieu! il est toujours en arrière....

LE GÉNÉRAL.

Quand on dit du bien de lui; mais il est toujours des premiers au feu. (*Prenant le brevet.*) Brevet provisoire... *Et cœtera....* Les Représentans du Peuple près l'armée du Nord. J'en suis parbleu bien aise; mais je suis piqué qu'on m'ait privé du plaisir de contribuer à son avancement.

GERTRUDE.

C'est le Colonel qui a tout fait.

LE GÉNÉRAL.

Je suis content de lui.

SAINTE-CLAIRE.

Mais il ne vient pas.

LE GÉNÉRAL.

Tu le verras dans l'instant. (*Se levant, ainsi que tout le monde, on reprend le même ordre de scène ; Gertrude est la dernière.*) Voilà un Capitaine qu'il faut recevoir ; je puis à présent faire sonner l'assemblée sans inconvénient. (*A un aide-de-camp.*) Mon ami, donne les ordres au trompette. (*L'aide-de-camp sort.*)

GERTRUDE.

Oui, qu'il sonne une réception. (*A son mari.*) Tu boiras demain ; on va te recevoir, entends-tu ; on va te recevoir, et tu n'as pas d'épaulettes... Eh, mon dieu ! pas d'épaulettes... Mais où en vend-on des épaulettes ?

SAINTE-CLAIRE, *désignant un officier.*

Le capitaine lui prêtera les siennes, et je veux les lui attacher. (*Pendant qu'elle attache l'épaulette, Gertrude découd les galons.*)

LE MARÉCHAL-DES-LOGIS.

Et mon sabre que tu oublies ? et mon casque ?

GERTRUDE, *décousant.*

Tu as raison ; mais c'est qu'on va te recevoir, et dans des momens comme cela, on ne peut pas penser à tout.... on est toute troublée : dame ! on n'est pas accoutumée à ces événemens là. (*Elle sort.*)

SAINTE-CLAIRE.

Que vous êtes heureux, mon oncle ! vos collègues ne sont que des généraux, et vous êtes un père de famille.

GERTRUDE, *revenant avec le sabre et le casque.*

Voilà ton sabre (*il le passe*), voilà ton casque (*elle le coëffe*). Allons, redresse-toi, prends une tournure.

LE MARÉCHAL-DES-LOGIS.

Oh ! ma foi, je n'ai pas envie d'en changer.

LE GÉNÉRAL.

Eh ! tu as raison : ta tournure est celle d'un brave homme. Partons.

GERTRUDE.

Mon dieu ! que cela doit donc être beau, la réception de mon mari ! Je donnerois un cierge d'une demi-livre pour voir cela.

SAINTE-CLAIRE.

Eh bien, vas-y, Gertrude : j'entrerai dans cette maison.

GERTRUDE.

Et je vous laisserois seule ! cela seroit joli, par exemple ! Je reste : ce moment sera peut-être le seul de toute la journée où je pourrai causer avec vous.

LE GÉNÉRAL.

Partons, partons ; je verrai ensuite l'adjudant, qui me remettra ses états de situation. (*Il sort avec sa troupe.*)

SCÈNE XX.

SAINTE-CLAIRE, GERTRUDE.

GERTRUDE.

Je vais chez notre hôte vous chercher une chaise.

SAINTE-CLAIRE.

Pourquoi faire ? Je suis aussi sans-culotte, moi ; je serai fort bien sur une escabelle.

GERTRUDE, *sortant.*

Non pas, s'il vous plait. Vous êtes fatiguée ; je veux avoir soin de vous.

SCÈNE XXI.

SAINTE-CLAIRE, *seule.*

Où cet étourdi sera-t-il allé courir ? Il a passé six mois dans les camps, dont je n'ai pu approcher : le moment se présente, j'en profite ; et le monsieur est absent ! Quand il reviendra je lui ferai une mine.... et je me jetterai à son cou.

SCÈNE XXII.

LA PETITE FILLE, SAINTE-CLAIRE.

LA PETITE FILLE, *sortant de la maison.*

Celle-ci a dans la physionomie quelque chose qu'i me rassure. (*de loin.*) Citoyenne, vous êtes la fille d'un officier ?

SAINTE-CLAIRE.

A-peu-près.

LA PETITE FILLE.

Vous êtes trop jolie pour être méchante. Vous ne me donnerez pas de coups de balai, vous ?

SAINTE-CLAIRE.

Oh ! non, certainement. Que voulez-vous, ma petite ?

LA PETITE FILLE, *s'approchant.*

Ma marraine m'avoit donné une commission, que j'ai faite de mon mieux. Celle à qui je me suis adressée m'a voulu battre, et ma marraine m'a dit que je n'avois pas d'intelligence, et qu'elle n'entendoit plus que je me mêlasse de rien Cependant cette affaire lui tient au cœur, et je voudrois bien lui rendre service.

SAINTE-CLAIRE.

Et que puis-je dans tout cela ?

LA PETITE FILLE.

Je m'en vais vous le dire. Ma marraine aime le colonel,
et le colonel aime ma marraine. Je croyois d'abord que
ce n'étoit que de l'amitié ; mais ils ont parlé d'amour, et
c'est bien plus sérieux. Le colonel lui disoit de si jolies
choses , mais de si jolies choses ! que si vous l'aviez
entendu vous auriez été enchantée. Ma marraine l'écoutoit avec un plaisir qui me faisoit presque envie, et je
voudrois savoir..... Mais vous êtes distraite.

SAINTE-CLAIRE.

Gertrude ! Gertrude !

GERTRUDE, *apportant une chaise.*

Me voilà.

LA PETITE FILLE, *se sauvant et entrant dans la*
maison de la veuve.

Oh ! la femme au balai ! Il est décidé que je ne saurai
rien.

SCÈNE XXIII.

SAINTE-CLAIRE, GERTRUDE.

SAINTE-CLAIRE.

GERTRUDE, je viens d'être frappée d'un coup bien
violent !

GERTRUDE.

Qu'avez-vous donc ?

SAINTE-CLAIRE.

J'étois loin de le prévoir.

GERTRUDE.

Qu'est-ce ?

SAINTE-CLAIRE.

Il m'étonne, je l'avoue.

GERTRUDE.

Expliquez-vous , de grace.

SAINTE-

SAINTE-CLAIRE.

Mais il ne m'accable pas.

GERTRUDE, *à part.*

Sauroit-elle quelque chose ?

SAINTE-CLAIRE.

Le Colonel me trompe.

GERTRUDE.

Qui vous l'a dit ?

SAINTE-CLAIRE.

Une petite fille du village.

GERTRUDE, *à part.*

C'est la petite bohémienne de tantôt.

SAINTE-CLAIRE.

Gertrude, tu es instruite ?

GERTRUDE, *embarrassée.*

A la vérité, on dit que..... que.....

SAINTE-CLAIRE.

Tu es honnête, et tu dois être vraie. Tu es instruite ?

GERTRUDE.

Eh, sans doute, je le suis.

SAINTE-CLAIRE.

Tu me diras donc la vérité ?

GERTRUDE.

C'est que cette vérité là est une vérité.....

SAINTE-CLAIRE.

Difficile à dire ?

GERTRUDE.

Oh ! bien difficile !

SAINTE-CLAIRE.

Mais facile à confirmer. Voyons les détails, et dépêche-
toi ; je ne suis pas à mon aise.

GERTRUDE.

Votre mari est l'espoir d'Israël ; mais....

SAINTE-CLAIRE.

Vas donc, vas donc.

GERTRUDE.

Mais il est si beau !

SAINTE-CLAIRE.

Je le connois : après ?

GERTRUDE.

Il a le cœur si tendre !

SAINTE-CLAIRE.

Au fait : qui est cette femme ?

GERTRUDE.

Son hôtesse.

SAINTE-CLAIRE.

Jolie ?

GERTRUDE.

Belle.

SAINTE-CLAIRE.

Aimable ?

GERTRUDE.

Je l'ignore.

SAINTE-CLAIRE.

Tendre ?

GERTRUDE.

Je le crains.

SAINTE-CLAIRE.

Elle demeure ?

GERTRUDE, *montrant la maison.*

Là.

SAINTE-CLAIRE.

Je vais la voir.

GERTRUDE.

Vous m'effrayez.

SAINTE-CLAIRE.

Ne crains rien. J'ai donné un moment à la nature ; je reviens à mon caractère.

GERTRUDE.

Ma chère petite Sainte-Claire , ne vous emportez pas.

SAINTE-CLAIRE.

M'emporter contre une femme qui trouve mon Colonel aimable ! il me plait bien, à moi.

GERTRUDE.

Mais vous êtes sa femme.

SAINTE-CLAIRE.

Et voilà l'étonnant.

GERTRUDE.

A la vérité, Abraham vécut avec Agar, et Sara le souffrit.

SAINTE-CLAIRE.

Oui ; mais Sara avoit soixante ans, et je n'en ai que vingt.

GERTRUDE.

N'importe, elle étoit femme.

SAINTE-CLAIRE.

Et je le suis aussi un peu.

GERTRUDE.

C'est-à-dire que votre colère tombera sur le Colonel.

SAINTE-CLAIRE.

Femme qui crie a toujours tort.

GERTRUDE.

J'espère que vous ne penserez pas au divorce ?

SAINTE-CLAIRE.

Fi donc ! Les loix ont dû le permettre ; les mœurs doivent le défendre.

GERTRUDE.

Que voulez-vous donc ? car je m'y perds.

SAINTE-CLAIRE.

Être la plus aimable et la plus tendre ; voilà tout mon secret. Voyons la dangereuse voisine.

GERTRUDE.

Moi, je vais commencer une neuvaine pour que le ciel le rende à la raison.

SAINTE-CLAIRE, *riant.*

Son hôtesse en a, elle, fait une pour la lui faire perdre.

GERTRUDE, *rentrant sous le hangar.*

Le diable est de son côté.

SAINTE-CLAIRE, *allant vers la maison de la veuve.*

Mais l'amour est du mien.

SCÈNE XXIV.

LA VEUVE *sortant de chez elle*, SAINTE-CLAIRE.

LA VEUVE, *s'arrêtant.*

Voilà une jolie fille !

SAINTE-CLAIRE, *avec une sorte d'embarras.*

Voilà sans doute la belle hôtesse : elle est fort bien, cette femme-là !

LA VEUVE.

Elle m'examine bien attentivement : abordons - la. Citoyenne, vous me paroissez inquiète ?

SAINTE-CLAIRE.

Pas du tout.

LA VEUVE.

Vous cherchez au moins quelque chose ?

SAINTE-CLAIRE.

Un Colonel.

LA VEUVE.

Le Colonel ?

SAINTE-CLAIRE.

Cela vous étonne !

LA VEUVE.

Pourquoi ? Vous le connoissez sans doute ?

SAINTE-CLAIRE.

Très-particulièrement.

LA VEUVE.

Très-particulièrement ? ainsi vous le quittez peu ?

SAINTE-CLAIRE.

Au contraire ; il y a six mois que je ne l'ai vu.

LA VEUVE.

Eh ! que lui voulez-vous ?

SAINTE-CLAIRE.

C'est mon secret.

LA VEUVE.

Ne puis-je le savoir ?

SAINTE-CLAIRE.

Quand vous m'aurez dit le vôtre.

LA VEUVE.

Je vous assure que je n'en ai pas.

SAINTE-CLAIRE.

C'est-à-dire que le public est dans la confidence ?

LA VEUVE, *piquée.*

Le public ne sait rien.

SAINTE-CLAIRE.

Mais vous vous souciez peu qu'il sache tout, ce qui revient au même.

LA VEUVE.

Il y a de l'humeur, Mademoiselle, dans ce que vous me dites-là.

SAINTE-CLAIRE.

De l'humeur ! et pourquoi ?

LA VEUVE.

Que sais-je ? Le Colonel est charmant, et vous êtes aimable.

SAINTE-CLAIRE.

Qu'en concluez-vous ?

LA VEUVE.

Qu'il a pu vous aimer en passant.

SAINTE-CLAIRE.

En passant !

LA VEUVE.

Et faire sur votre cœur une impression malheureusement trop durable.

SAINTE-CLAIRE.

J'admire votre discernement.

LA VEUVE.

N'est-il pas vrai, que je devine juste. Légère comme les Graces, ingénue comme elles, vous avez cru à des sermens qui devoient être sincères ; et piquée d'un mépris que vous ne méritez pas, vous venez, sous un habit qui ajoute à vos charmes, réclamer leurs droits et votre captif.

SAINTE-CLAIRE.

Vous m'étonnez, Citoyenne.

LA VEUVE.

Comment donc ?

SAINTE-CLAIRE.

Vous me contez l'histoire de beaucoup de jeunes personnes.

LA VEUVE.

Et un peu la vôtre, convenez-en.

SAINTE-CLAIRE.

J'avoue qu'il y a quelque rapport....

LA VEUVE.

Les hommes sont si prompts à promettre....

SAINTE-CLAIRE.

Et les femmes si disposées à les croire, et à se préparer des regrets !

LA VEUVE.

C'est ce que je n'osois dire.

SAINTE-CLAIRE.

C'est ce que je pense.

LA VEUVE, *voulant la pénétrer.*

C'est du moins une sorte d'excuse, qu'une promesse de mariage.

SAINTE-CLAIRE.

C'est du moins un prétexte, dont certaines femmes ne peuvent pas même se prévaloir.

LA VEUVE.

J'espère, Citoyenne, que vous ne prétendez pas faire d'applications ?

SAINTE-CLAIRE.

Vous savez, Citoyenne, que vous n'avez pas de secrets.

LA VEUVE.

Vous avez de l'esprit.

SAINTE-CLAIRE.

Je suis étonnée que vous vous en apperceviez.

LA VEUVE.

Pourquoi donc, Mademoiselle ?

SAINTE-CLAIRE.

C'est qu'on est rarement disposée à rendre justice à ses rivales.

LA VEUVE, *avec indifférence.*

Ah ! une rivale telle que vous.....

SAINTE-CLAIRE.

Peut déranger bien des projets.

LA VEUVE.

On peut aussi n'avoir rien à craindre des vôtres.

SAINTE-CLAIRE.

Il faudroit alors être aimée bien sérieusement.

LA VEUVE.

Mais je me plais à le croire.

SAINTE-CLAIRE.

Et moi, j'en doute un peu.

LA VEUVE.

Vous avez vos raisons pour douter.

SAINTE-CLAIRE.

Comme vous avez les vôtres pour ne douter de rien.

LA VEUVE.

Terminons un entretien qui doit nous gêner également.

SAINTE-CLAIRE.

Je vous assure au contraire qu'il m'amuse beaucoup.

LA VEUVE.

Finissons : que puis-je pour vous ?

SAINTE-CLAIRE.

Rien : c'est moi qui veux vous donner une leçon.

LA VEUVE.

Ah, ah ! et quelle est cette leçon ?

SAINTE-CLAIRE.

D'abord vous éclairer sur l'inconséquence de votre conduite.

LA VEUVE.

Vous ne pensez pas à la vôtre.

SAINTE-CLAIRE.

Il est vrai qu'elle est originale.

LA VEUVE.

Et la mienne quelque chose de plus ?

SAINTE-CLAIRE.

C'est ce que je n'osois dire.

LA VEUVE.

Vous avez une manière de persiffler qui me démonteroit.....

SAINTE-CLAIRE.

Si vous aviez moins d'usage.

LA VEUVE.

Savez-vous, petite, que vous êtes piquante ?

SAINTE-CLAIRE.

J'avoue que c'est un peu mon intention.

LA VEUVE.

Je ne suis pas disposée à le souffrir.

SAINTE-CLAIRE.

Il faudra vous y résoudre.

LA VEUVE.

Définitivement, Mademoiselle, où voulez-vous en venir ? Je ne crois pas que vous ayez envie de faire un éclat.

SAINTE-

SAINTE-CLAIRE.

C'est tout au plus ce que je me permettrois, si je pouvois vous craindre.

LA VEUVE.

En honneur, ceci est inconcevable.

SAINTE-CLAIRE.

Je suis naturellement curieuse ; j'ai voulu vous voir, je vous ai vue, et je reviens à la leçon dont je vous parlois tout-à-l'heure. Vous êtes bien, très-bien ; votre tournure, votre physionomie, préviennent en votre faveur. Vous avez peu de sensibilité, peut-être ; mais un esprit fin, un usage du monde qui suppléent au vuide du cœur. Cet ensemble a plu au Colonel, et tout cela ne pourra l'attacher. Je ne connois qu'une femme qui sache apprécier ce jeune homme, démêler ses qualités à travers son étourderie ; l'aimer pour lui-même, le fixer par tout ce qui engage un honnête homme, rire d'un moment d'inconstance qui le ramènera plus tendre et plus fidèle ; et cette femme, c'est moi.

LA VEUVE.

Vous êtes modeste.

SAINTE-CLAIRE.

Vous conviendrez du moins, quand vous me connoîtrez mieux, que je me suis conduite envers vous avec une modération que toutes les femmes approuveront sans doute, et que bien peu auroient la force d'imiter. Je vous laisse, citoyenne ; jouissez de votre triomphe, et hâtez-vous ; un éclair l'a produit, ils passeront ensemble. (*Elle entre chez Gertrude.*)

C

SCÈNE XXV.

LA VEUVE, seule.

CETTE jeune personne a dans son langage et son maintien, quelque chose qui dément des apparences.... qui ne sont pas en sa faveur. Elle est vraiment aimable, et peut être très à craindre auprès d'un homme aussi léger, que mon extrême facilité semble autoriser à tout penser, et qui se permet déjà de tout dire, excepté le mot par où il me semble qu'il eût dû commencer.

SCÈNE XXVI.

LE COLONEL, LA VEUVE.

LA VEUVE, *appercevant le Colonel qui entre par la gauche.*

Eu, venez donc, Colonel. Jamais votre présence ne me fut si nécessaire.

LE COLONEL.

Vous vous êtes apperçu de mon absence? Jamais vous ne fûtes si aimable.

LA VEUVE.

Vous êtes sorti pour arranger une affaire, et je viens d'en avoir une.....

LE COLONEL.

Dont les suites ne sont pas alarmantes?

LA VEUVE.

Dont les suites m'inquiéteroient moins, si je vous connoissois mieux.

LE COLONEL.

Vous me feriez injure, si vous doutiez de moi.

LA VEUVE.

Il m'est permis de douter un peu. Vous avez tenu le même langage à celle qui vient de me quitter.

LE COLONEL.

Qui donc?

LA VEUVE

Une jeune fille, jolie comme l'Amour, gaie comme la Folie, et méchante au-delà de toute expression.

LE COLONEL.

Une jeune fille! Je ne connois personne dans ces environs qui puisse....

LA VEUVE.

Elle vous a connu, et très-particulièrement : je lui crois même des droits qui ne laisseront pas de vous embarrasser.

LE COLONEL.

Rien ne m'embarrasse, moi.

LA VEUVE.

Pas même les femmes que vous avez trompées?

LE COLONEL.

Il en est tant qui ne demandent qu'à l'être!

LA VEUVE.

Les femmes seroient bien à plaindre, si tous les hommes les jugeoient comme vous.

LE COLONEL.

Celles qui vous ressemblent sortent de la règle générale.

LA VEUVE.

Je m'attendois à l'exception.

LE COLONEL.

Et vous deviez vous y attendre.

LA VEUVE.

Vous le dites.

LE COLONEL.

Je le jure!

LA VEUVE.

Je redoute l'avenir.

LE COLONEL.

Il vous rassurera.

LA VEUVE.

Qu'on croit aisément ce qu'on desire !

LE COLONEL.

Douteriez-vous, si vous étiez plus tendre ?

LA VEUVE.

Ah ! ne vous plaignez pas de mon cœur.

LE COLONEL.

Je vous ressemble à certains égards. Je doute aussi, et je veux des preuves, mais des preuves claires, positives.

LA VEUVE.

Vous avez trop vu ma foiblesse ; n'en exigez pas l'aveu.

LE COLONEL, *lui prenant la main.*

Il n'est pas possible de se rendre de meilleure grace.

LA VEUVE.

Je suis bien loin de me rendre encore. Rappellez-vous où nous en étions quand on nous a interrompus.

LE COLONEL, *lui baisant la main.*

Je m'en souviens à merveille : nous en étions au chapitre des sacrifices.

LA VEUVE.

Et c'est un chapitre auquel je tiens beaucoup.

LE COLONEL.

Le bonheur est sans prix. Ordonnez, femme charmante,

LA VEUVE.

Epargnez-moi la honte de m'expliquer.

LE COLONEL.

Il faut donc que je devine ?

LA VEUVE.

Vous le pouvez sans efforts.

LE COLONEL.

Mais vous pourriez m'aider un peu.

LA VEUVE.

Colonel, j'ai des   mœurs ; c'est vous en dire assez.

LE COLONEL.

Et vous ne pouvez aimer qu'en sûreté de conscience ?

LA VEUVE.

Oui, je veux accorder la décence et mon cœur.

LE COLONEL, *à part.*

Elle est sage..... eh ! tant mieux.

LA VEUVE, *à part.*

Je tremble.

LE COLONEL.

Il faut répondre, et cela n'est pas aisé.

LA VEUVE, *à part.*

Il balance ; il ne m'aime pas.

LE COLONEL.

Vous méritez mes vœux et ma main ; mais.....

LA VEUVE.

Achevez.

LE COLONEL.

Je n'ose.

LA VEUVE.

Je vous en prie.

LE COLONEL.

Ma main n'est plus à moi.

LA VEUVE, *après un temps.*

Elle n'est plus à vous ! et vous me laissiez croire......
Vous êtes sans pitié. Ah ! Colonel, quel cœur vous dé-
chirez ! (*Elle rentre chez elle.*)

SCÈNE XXVII.

LE COLONEL, *seul.*

O ma tête ! ma tête ! ne mûriras-tu jamais ?..... Une
femme honnête et tendre est exposée à tant de combats !
Il est si doux pour un homme qui pense, de ménager sa
foiblesse !.... Voilà d'admirables réflexions, mais qui
viennent un peu tard. Etourdi que je suis ! j'agis d'abord,

je réfléchis ensuite : il n'est pas de moyen plus sûr de faire des sottises ; aussi ne fais-je que cela.

SCENE · XXVIII.

LE COLONEL, SAINTE-CLAIRE, qui
l'écoutoit pendant ce couplet.

SAINTE-CLAIRE.

JE n'y tiens plus ; il faut que je l'embrasse.

LE COLONEL, *surpris.*

Ma femme ! Seroit-ce la jeune personne....:

SAINTE-CLAIRE.

Colonel, tu ne m'attendois pas ?

LE COLONEL, *embarrassé.*

Je l'avoue.

SAINTE-CLAIRE.

Je me suis fait un plaisir de te surprendre.

LE COLONEL, *avec contrainte.*

Et je le partage de tout mon cœur.

SAINTE-CLAIRE.

Il me semble que le plaisir que tu partages, n'est pas d'une grande vivacité.

LE COLONEL.

Au contraire ; mais tu sais que le temps, les occupations nous changent insensiblement.

SAINTE-CLAIRE, *avec une ironie fine.*

Il est certain que six mois peuvent opérer un grand changement sur un grand caractère. Un grand homme, nommé à une grande place, doit voir les choses en grand ; et les affections particulières disparoissent devant les grands intérêts qui lui sont confiés.

LE COLONEL, *à part.*

Elle se moque de moi : sauroit-elle quelque chose ?

SAINTE-CLAIRE.

Pour moi, qui n'ai qu'une très-petite philosophie ; je regrette ce temps où mon petit Capitaine, n'ayant que de petites affaires, escaladoit gaiement un couvent de filles, y déraisonnoit avec de petites graces qui ne sont qu'à lui, et tournoit la tête à une petite religieuse....

LE COLONEL.

Dont il fait une femme estimable.

SAINTE-CLAIRE.

Il est flatteur d'inspirer de l'estime ; mais il seroit dur à vingt ans, de n'inspirer que cela.

LE COLONEL, *à part.*

Elle va s'expliquer sans doute ; il faut la voir venir.

SAINTE-CLAIRE.

Quelque chose t'occupe fortement : tu n'es pas à la conversation. Si j'ai mal pris mon temps, si je suis de trop aujourd'hui, je me retire.

LE COLONEL.

Il seroit plaisant que tu aies l'intention de m'en faire convenir.

SAINTE-CLAIRE.

Pourquoi n'en conviendrois-tu pas, si cela est ?

LE COLONEL.

Mais c'est qu'il n'en est rien.

SAINTE-CLAIRE.

Quand il en seroit quelque chose, voyons, il n'y auroit pas grand mal.

LE COLONEL.

C'est être trop indulgente.

SAINTE-CLAIRE.

Il est des circonstances où on ne peut l'être assez.

LE COLONEL.

Elle sait tont, et je ne saurai que dire, car je me sens d'un bête !...

SAINTE-CLAIRE.

Je suppose, par exemple; ceci n'est qu'une supposition, souviens-toi bien : je suppose qu'un homme sincèrement attaché à sa femme, mais n'ayant pas sur lui l'empire que tu as sur toi, refroidi par l'absence, entraîné par des événemens imprévus, se livre un moment à ses goûts passagers, où le cœur n'entre pour rien. Que peut dire sa femme? que doit-elle faire? que lui conseillerois-tu, si elle te consultoit?

LE COLONEL.

Oh! l'indulgence, tu as raison, l'indulgence!

SAINTE-CLAIRE.

Et tu lui dirois : votre mari est un honnête homme, mais un honnête homme peut être foible. Il sera si honteux de se voir découvert, il sera si gauche devant vous, il aura tant d'envie de mentir, avec tant d'éloignement pour le mensonge; vous l'aimez si tendrement vous-même, que vous ne pourrez prolonger une situation si pénible, sans être cruelle envers tous deux.

LE COLONEL.

Oui, ma bonne amie, voilà précisément ce que je dirois.

SAINTE-CLAIRE.

Et moi, j'irai plus loin que tes conseils : j'éviterois ces explications désagréables, qui aigrissent souvent les deux partis. Je commencerois par embrasser mon infidèle, et par lui pardonner,

LE COLONEL.

Suppose jusqu'au bout; embrasse-moi, et pardonne.
(Ils s'embrassent.)

SAINTE-CLAIRE.

Je me permettrois ensuite quelques avis, mais si modérés, si délicats, que l'amour-propre de mon époux n'en seroit pas affecté.

LE

LE COLONEL.

'Ah! tu pourrois parler, tu en aurois bien acquis le droit.

SAINTE-CLAIRE.

Je lui dirois : Compare l'amour sincère et désintéressé de ta femme, de cette femme qui n'a pu prendre sur elle de bouder un moment, avec ces liaisons dangereuses qui conduisent insensiblement au mépris de ce qu'il y a de plus respectable ; ne prends plus pour de l'amour un sentiment qui lui est étranger ; ne confonds plus tes sens avec ton amour, et apprends à l'estimer assez pour sentir que la vertu seule a le droit de te plaire.

LE COLONEL, *la serrant dans ses bras.*

Juge quel effet produiroient sur cet homme que tu supposes honnête, des conseils donnés avec autant de ménagement par l'amie la plus aimable et la plus sensible ! quel empressement il mettroit à réparer ses torts ! Une jolie bouche a tant de graces à prêcher la saine morale ! ce qu'elle d'austère prend un charme si flatteur, que l'époux s'applaudiroit presque d'une foiblesse qui lui donneroit tant de raisons d'aimer et d'estimer son épouse.

SAINTE-CLAIRE, *lui passant un bras au col.*

Mais il me donneroit sa parole de ne plus chercher de nouvelles raisons de m'aimer et de m'estimer davantage ?

LE COLONEL.

Il la donneroit, et sauroit la tenir. (*Elle embrasse le Colonel ; il lui ouvre les bras, elle s'y précipite.*) Mais si cette femme que les apparences condamnent avoit été trompée elle-même ; si, au lieu de séduire ton époux, elle s'étoit livrée avec sécurité à des sentimens honnêtes ; s elle le croit libre enfin ?

SAINTE-CLAIRE.

Ah, mon ami ! mon ami ! que de reproches tu dois te faire !

H

LE COLONEL.

Je me les suis déjà faits ; mais cela ne suffit pas.

SAINTE-CLAIRE.

Tu as raison. Quand on a fait une faute, il faut avoir
le bon esprit de la réparer. J'ai eu aussi des torts envers
cette femme ; je l'ai jugée avec une légéreté. ... Je lui
dois des excuses pour mon compte, et je vais négocier
une paix générale. (*Elle entre chez la Veuve.*)

SCENE XXIX.

**LE COLONEL , LE MARÉCHAL-DES-LOGIS,
DEUXIÈME DRAGON , TROISIÈME DRAGON,**
(*entre quatre autres le sabre à la main.*)

LE MARÉCHAL-DES-LOGIS.

Colonel, voilà les deux Dragons que vous avez fait
arrêter.

LE COLONEL, *distrait.*

Capitaine, arrange cette affaire ; je t'en laisse le soin.

LE MARÉCHAL-DES-LOGIS.

Je ferai pour le mieux. Votre oncle vous cherche par-
tout.

LE COLONEL.

Mon oncle est ici ?

LE MARÉCHAL-DES-LOGIS.

Vous ne le saviez point ?

LE COLONEL.

Où est-il ?

LE MARÉCHAL-DES-LOGIS.

Vous le trouverez à deux pas.

(*Le Colonel sort par la droite.*)

SCÈNE XXX.

DEUXIÈME DRAGON, LE MARÉCHAL-DES-LOGIS, TROISIÈME DRAGON, *les quatre autres Dragons derrière.*

LE MARÉCHAL-DES-LOGIS.

APPROCHEZ, Messieurs.

DEUXIÈME DRAGON, *le reprenant.*

Citoyens.

LE MARÉCHAL-DES-LOGIS.

Avant de vous rendre ce titre, je veux voir si vous le méritez. (*au deuxième.*) Tire ton sabre, tire ton sabre. (*au troisième.*) Tire le tien. (*Il prend les deux lames ; et après les avoir regardées.*) Ils sont teints l'un et l'autre du sang des Autrichiens, et vous voulez les laver dans celui de votre frère! Insensés, est-ce pour vous déchirer entre vous, que la Patrie vous met les armes à la main ? Non : c'est pour battre ses ennemis. Vous l'avez fait jusqu'à présent, et vous vivrez pour le faire encore. Qu'on s'embrasse, et qu'on ne pense plus à rien.

SECOND DRAGON.

Mais, mon Capitaine.....

LE MARÉCHAL-DES-LOGIS.

Votre Capitaine vous ordonne de vous embrasser.

SECOND DRAGON.

Permettez-moi du moins de vous expliquer....

LE MARÉCHAL-DES-LOGIS.

Je ne veux rien entendre. Tu vas me parler d'affronts,

H 2

de point d'honneur, et d'un tas de vieilles balivernes
que j'ai connues avant toi, auxquelles j'ai eu la bêtise
de croire, et que je méprise complètement aujour-
d'hui ; qu'on s'embrasse.

SECOND DRAGON.

Cependant, mon Capitaine....

LE MARÉCHAL-DES-LOGIS.

Ah! tu fais le récalcitrant ! Si tu n'obéis à l'instant, je
te fais dégrader et déclarer indigne de servir la République. (*Les deux Dragons s'embrassent , et les autres re-*
mettent le sabre dans le fourreau.) Je suis content de vous,
Citoyens ; je traite ce soir ma compagnie, et je vous
invite au banquet. Nous trinquerons ensemble, et nous
nous préparerons gaiement à cueillir de nouveaux lau-
riers   (*Il sort avec tous les Dragons.*)

SCENE XXXI.

LA VEUVE, SAINTE-CLAIRE, sortant
de la maison de la Veuve.

LA VEUVE,

Que je suis sensible à vos procédés ! que je me re-
pens de vous avoir méconnue, et d'avoir donné lieu
par mon imprudence....

SAINTE-CLAIRE.

Ne nous rappellons le passé que pour être plus sages
à l'avenir. Vous m'avez promis d'être mon amie, je
serai la vôtre ; et mon mari....

LA VEUVE, *avec un soupir.*

Ah, votre mari !

Il est étourdi, mais il a une belle ame ; il ménagera votre sensibilité. Nos soins assidus, notre tendre amitié adouciront une blessure qui n'est pas bien profonde encore, et que la raison aura bientôt fermée.

LA VEUVE.

Vous êtes étonnante en tout.

SCÈNE XXXII.

LE GÉNÉRAL, LA VEUVE, SAINTE-CLAIRE, LE COLONEL.

LE GÉNÉRAL.

Allons, mon ami, voyons enfin ton logement.

LE COLONEL.

Mon oncle, voilà mon hôtesse.

LE GÉNÉRAL.

Permettez, belle Citoyenne, que je félicite mon neveu. S'il aimoit moins sa femme, et si votre premier coup-d'œil n'inspiroit le respect, je crois que le jeune homme...

SAINTE-CLAIRE.

Mon cher oncle, pensons au dîner ; la Citoyenne nous recevra : je ferai les honneurs de sa maison ; vous vous mettrez à ses côtés, elle vous écoutera avec intérêt, et pendant ce tems-là.....

LE GÉNÉRAL.

Tu feras l'amour à ton mari ; je te vois venir. Allons, nous ne verrons rien, c'est convenu ; n'est-il pas vrai, belle Citoyenne ? Ecoutez donc, après six mois d'absence, ils doivent avoir bien des choses à se dire. Ce que je vous dirai, moi, ne sera pas tout-à-fait si intéressant ; mais que voulez-vous ? chaque âge à ses plaisirs. L'amitié et la table, font à présent tous les miens.

LA VEUVE.

Et vous n'en êtes que plus heureux.

FIN.

De l'Imprimerie de CRAPELET, rue Jean-de-Beauvais,
Section du Panthéon Français.

Comédies qui se trouvent chez le même Libraire.

La Parfaite Egalité, ou les Tu et Toi, comédie en trois actes, en prose, du citoyen Dorvigny. 1 10

La Veuve du Républicain, comédie en trois actes, en vers. 1 5

Le Vieux Célibataire, comédie en cinq actes, du citoyen Collin - Harleville. 2

Les Dragons et les Bénédictines, comédie en un acte, du citoyen Pigault-Lebrun. 1 5

Les Visitandines, opéra en trois actes. . . . 1

Othello, ou le More de Venise, tragédie en cinq actes, du citoyen Ducis. 2

L'Ami du Peuple, comédie en trois actes, en vers, du citoyen Camaille-Saint-Aubin. . . 1 10

La Folie du Roi Georges, comédie en trois actes, en prose, du citoyen Lebrun - Tossa. 1 5

La Moisson, opéra - comique en deux actes. 1 5

Les Loups et les Brebis, vaudeville en un acte. 1

L'Hiver, ou les Deux - Moulins, aussi en un acte. 1

La Nuit Champêtre, vaudeville en deux actes, du citoyen Saint-Aubin, fig. *in*-12. 1

Thémire et Floridore, en deux actes, *id.* 15

Paul et Virginie, en trois actes, mêlée d'ariettes. 1

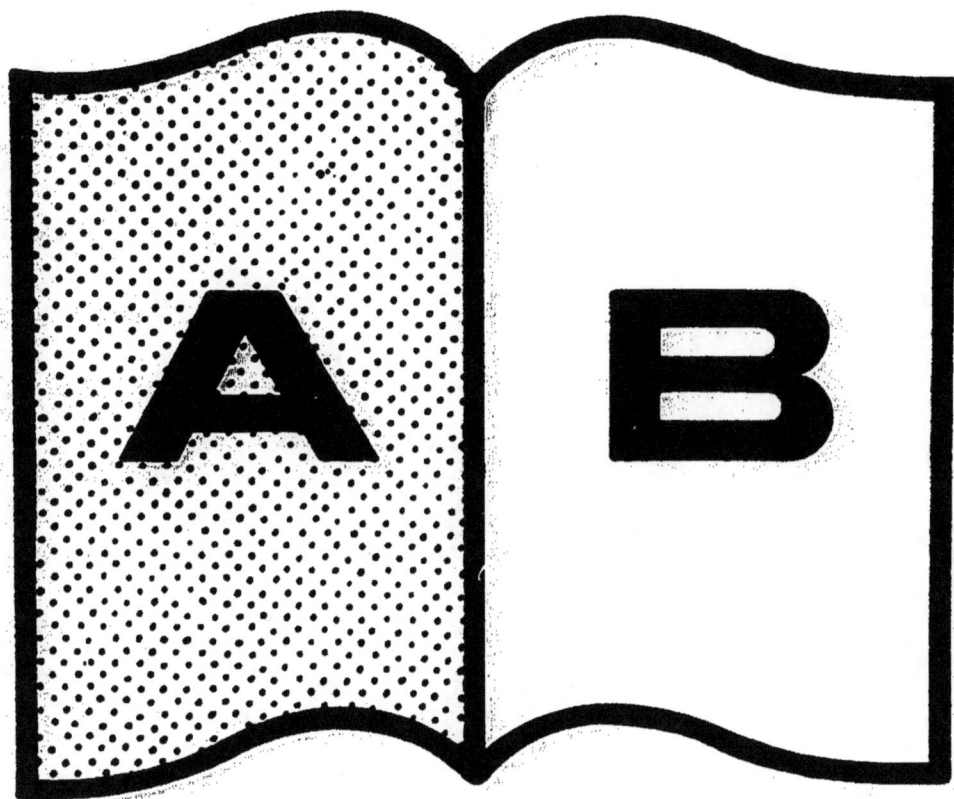

Contraste insuffisant

NF Z 43-120-14